AF278846

Published by Ana Carrera Hernández

A CIP record of this book is available from the British
Library.

ISBN: 978-0-9935585-3-5

Paco y los Estudiantes de Intercambio

"Paco and the Exchange Students"

Vol.2

Ana Carrera Hernández

Illustrated by Sandra Moldes Barroso

CONTENTS

Introduction

Welcome back! I hope you enjoyed the first book *"Paco y los Estudiantes de Intercambio, Vol. 1"*. Unfortunately for Paco, life has become quite complicated! Follow his story in this second book. As well as the characters you already know, you will meet some new ones too, as you move through the book, learning new vocabulary and building on your grammar skills. Don't worry if you do not understand some of the vocabulary – remember to use the context of the story to help you. Try to complete all the activity tasks to the best of your ability, to help reinforce your learning of the vocabulary and grammar. But above all, enjoy the fact that you are reading in a foreign language! Have fun following Paco's further adventures!

Capítulo 1

Una carta

Theo y _______[1] están en Inglaterra porque son las vacaciones de Navidad. Yo estoy muy triste porque me gusta Carolina pero a Theo le gusta mucho también. ¿Qué puedo hacer? Carolina es más simpática que las otras chicas del instituto y es más inteligente y divertida. Pero Theo es mi amigo y siempre es generoso y amable conmigo. ¡Qué complicado!

"—Paco, tienes una carta de Theo —dice mi madre."

Abro el sobre y leo la carta:

"¡Hola Paco! ¿Cómo estás? Aquí en Londres hace mucho frío pero no llueve. Muchas gracias por el regalo de Navidad que me envió tu madre. Me encanta la bufanda. Tu madre es muy generosa porque le mandó una bufanda para mi hermana también. Estoy muy contento porque mi primo de Colombia está aquí así que puedo practicar el español. Se llama Ricardo y tiene 12 años. Es más alto y más delgado que yo pero es mucho más feo. ¡ja, ja! Me ayuda a escribir esta carta por eso no tengo errores.

¿Qué haces ahí? Aquí normalmente me levanto muy tarde, me ducho y me visto y voy al polideportivo a jugar con mis amigos porque hace mucho frío para ir

---

[1] Write your name here.

al parque. Este fin de semana vamos a ir a casa de mi abuela en Brighton. ¡Qué bien! Me encanta Brighton porque hay playa y la gente es muy chachi. Vamos a dormir en el jardín en una tienda de campaña porque el jardín de mi abuela es gigante.

¿Cómo está Carolina? La echo mucho de menos. [2] Pienso en Carolina todos los días aunque creo que está un poco loca.

Bueno, escríbeme pronto.

Besos y abrazos

Theo"

---

[2] "La echo mucho de menos": Idiomatic expression, *I miss her a lot.*

¡Qué mal me siento! Theo es tan cariñoso. Voy a llamar a _________[3] para pedirle consejo. De momento voy a organizar una fiesta de bienvenida para Theo y _________[4]. Necesito pensar.

A c t i v i t i e s

1. Speaking task. Paco has called you to ask you for advice on what to do with Theo. Do you think he should tell him the truth or not? Discuss it in Spanish with your partner. Remember from previous chapters that the most important thing is to communicate your opinion. Make it simple and don't worry too much about difficult grammar. Some useful vocabulary is included below:

(No) Debería + infinitive	*He should (not) (e.g. Debería decir)*
En mi opinión	*In my opinion*
Desde mi punto de vista	*From my point of view*
Creo que	*I think that*
No estoy de acuerdo	*I agree*
No estoy de acuerdo	*I disagree*
Es una situación difícil	*It is a difficult situation*
Amistad	*Friendship*
Un amigo/una amiga	*A friend*

---

[3]Write your name here.
[4]Write your name here.

2. Reading task. Read the questions below and answer them **in Spanish**. You do not need to write full sentences, just the relevant answer.

a. *¿Por qué está Theo en Inglaterra?*

____

(1)

b. *¿Cómo describe Paco a Theo?*

____

(2)

c. *¿Qué le regaló la madre de Paco a Theo?*

____

(1)

d. *¿Adónde va a ir Theo el fin de semana?*

____

(1)

e. *¿Dónde va a dormir Theo cuando llegue a casa de la abuela?*

____

(1)

f. *¿Qué va a organizar Paco?*

____

(1)

3. Translation. Translate **into English** the text below. Remember that sometimes you cannot do a literal translation. After you finish translating the text, always read it over and make sure it makes sense in English. You are **not allowed** to use a dictionary.[5]

---

[5]Remember to read the whole sentence carefully as the context might help you guess the meaning of difficult words. Also, in most cases, if a Spanish word sounds like an English word, they probably mean the same!

"Aquí normalmente me levanto muy tarde, me ducho y me visto y voy al polideportivo a jugar con mis amigos porque hace mucho frío para ir al parque. Este fin de semana vamos a ir a casa de mi abuela en Brighton. ¡Qué bien! Me encanta Brighton porque hay playa y la gente es muy chachi. Vamos a dormir en el jardín en una tienda de campaña porque el jardín de mi abuela es gigante".

Capítulo 2

En el restaurante

Es el 3 de enero y Paco, Lara y sus padres van al aeropuerto a recoger a Theo y ‗‗‗‗‗[1] que vuelven de Inglaterra. Paco está muy nervioso y Lara se burla de él[2]:

"—¿Te gusta Carolina, no? Se lo voy a decir a Theo."

"—¡Cállate! ¡Mentirosa! ¿Tú qué sabes? Eres una cotilla."

Lara se ríe y comienza a echar besos:

"—¡Muac, muac, muac! Carolina, mi amor."
"—Eres tan estúpida." Paco está muy enfadado.

Theo y ‗‗‗‗‗[3] están muy cansados pero contentos.

"—¿Cómo estás ‗‗‗‗‗[4]?—pregunta la madre de Paco."
"—‗‗‗‗‗"[5]
"—¿Y tú, Theo?"
"—Muy bien. Inglaterra es divertida pero me gusta España mucho más porque las chicas son más bonitas..."

---

[1]Write your name here.
[2]"Se burla de él": Idiomatic expression, she makes fun of him.
[3]Write your name here.
[4] Write your name here.
[5]Tell her how you are feeling. If you are not feeling well, explain why. E.g.: *Estoy bien pero un poco cansado porque el viaje es largo.*

Paco se pone muy nervioso. En el coche Paco le explica a Theo y _____________ [6] que mañana van a ir a un restaurante para darles la bienvenida.

"—¿Viene Carolina?—pregunta Theo."
"—Emm... Voy a llamarla por teléfono ahora para preguntar."

Lara mira a Paco y se ríe.

"—¡Hola, Carolina! Soy Paco... ¿Quieres salir con nosotros mañana?"
"—No sé. Tengo que hacer mis deberes y no tengo mucho dinero. ¿Qué vamos a hacer?"
"—Primero vamos a ir al restaurante a comer y después vamos a ir a la bolera. Por la noche vamos a bailar en la discoteca. Es una fiesta para dar la bienvenida a Theo y _____________ [7]."

Carolina recuerda lo que pasó en el cine con Theo.

"—¿Puede venir Jack? Es mi compañero de intercambio. Viene de Estados Unidos."
"—¡Claro!"—dijo Paco un poco enfadado—Quedamos a las 4.30 en la estación de autobuses."
"—¡Vale! Hasta luego."

---

[6]Write your name need.
[7]Write your name here.

Paco, Theo, Lara, _________ [8], Carolina y Jack están en el restaurante. Carolina está muy guapa. Theo no puede parar de mirarla. Paco tampoco.

"—¿Qué vais a pedir?—dice el camarero."
"—Yo quiero de primer plato una sopa de verduras y de segundo plato pollo frito con patatas, por favor—dice Paco."
"—Yo quiero una hamburguesa completa y patatas fritas. También quiero un zumo de naranja, por favor—dice Lara."
"—Yo quiero ____ [9]."

Carolina, Jack y Theo piden dos pizzas grandes con patatas fritas y nachos con queso. Theo pide una salsa muy picante.

Cuando la comida llega, Carolina y Jack comparten un nacho y se dan un beso. Paco se pone pálido y Theo casi se ahoga con su nacho picante. Lara se ríe y ____ [10].

---

[8] Write your name here.
[9] Write what you would like to eat and drink here.
[10] Write your name here and say what you do when you find out that Carolina and Jack are together. Use the present tense in the third person. E.g.: *Your name* abre la boca. (*your name* opens his/her mouth)

<u>A c t i v i t i e s</u>

1. Reading task. Read the sentences below and put a tick (√) next to the five correct ones:

a. *Paco y su familia van al aeropuerto.*___

b. *A Theo le gusta Inglaterra más que España.*___

c. *Mañana es el cumpleaños de Theo.*___

d. *Los chicos van a ir a la discoteca.*___

e. *Jack es norteamericano.*___

f. *Van a encontrarse en la estación de tren.*___

g. *Paco no es vegetariano.*___

h. *Carolina y Jack son novios.*___

2. Speaking task. Prepare the role play below. The sentences *a to d* tell you what you will need to talk about. Think about how you will put these ideas across in Spanish:

    a. Greet the waiter.

    b. Tell him/her what you would like to eat.

    c. Tell him/her what you would like to drink.

    d. Tell him/her you would also like an ice cream.

    e. Ask for the bill.

    f. Say goodbye.

3. Writing task. Design the menu for the restaurant Paco and his friends went to. Don't forget to read the text again to remind yourself what they ordered, as this must appear on the menu!

Capítulo 3

Una pelea en el instituto

Paco, Theo y ....[1] se levantan muy temprano al día siguiente para ir al instituto. Theo no **pudo** dormir en toda la noche y parece un vampiro. Paco quiere contarle a Theo la verdad pero tiene miedo de que Theo se enfade mucho con él:[2]

"—
....
.... "

"—Prefiero ir andando porque estoy un poco dormido todavía —contesta Paco."

Cuando llegan al instituto ven a Carolina y a Jack. Theo quiere vomitar. Jack se acerca a saludar:

"—¡Hola! Ayer lo **pasé** bomba. **Fue** muy divertido. Gracias por invitarme."

"—¡Umm! Sí, **fue** genial—dice Theo muy poco convencido."

"—¿Estás bien? Pareces enfadado···"

"—No. Estoy muy bien. Gracias."

"—¿Sabes?[3] El año pasado **fui** a Londres. Me **gustó** mucho. **Visité** muchos museos increíbles, **saqué** un montón de fotos y **descansé** en hoteles situados cerca del Big Ben. Lo **pasé** fenomenal pero el tiempo **fue** un poco malo porque llovía todos los días. Todos los días **llevé** unos pantalones vaqueros ajustados, unos zapatos negros y un jersey de lana. También me **puse** un cinturón de cuero que **compré** en Londres."

---

[1]Write your name here.

[2]Ask whether you should walk to school or go by bus. You could use the verb "ir" conjugated in the "we" form.

[3]"¿Sabes?": This verb can be translated as "do you know what?" in order to catch the listener's attention.

"—¡Ah! Muy bien! —dijo Theo totalmente desinteresado—. Bueno, me tengo que ir. Hasta luego."

Theo se va y Jack va a hablar con Carolina:

"—Creo que Theo está enfadado conmigo. Es un poco desagradable."
"—¿Theo? Está como una cabra[4]. Un día **intentó** besarme en el cine y yo no quería."
"—¿Qué? —**dijo** Jack muy enfadado."

Jack **fue** a buscar a Theo y le gritó. Theo y Paco **empujaron** a Jack contra la pared.

A las dos de la tarde Theo y Paco **fueron** expulsados del colegio por tres días.

---

[4]"Está como una cabra": Idiomatic expression meaning somebody is crazy. The literal translation is "to be as crazy as a goat".

"—Todo esto es culpa mía —le **confesó** Lara a ....[5]."

Lara le **contó** todo a ....[6]:

"—
....
....
.............[7]"

<u>A c t i v i t i e s</u>

1. Grammar task. All the verbs shown in bold in the chapter above are in the past tense. Copy them down again and write the infinitive next to them. One verb has already been done for you to show you what to do:

a. **pudo**: *poder*	h.	n.
b.	i.	ñ.
c.	j.	o.
d.	k.	p.
e.	l.	q.
f.	ll.	r.
g.	m.	s.

---

[5]Write your name here.
[6]Write your name here.
[7]Write a sentence showing Lara how you feel about what she did and, if you can, offer her a possible way of sorting the situation out. You could start by saying, "Lara, creo que lo que has hecho es..." (I think what you have done is...)

2. Translation task. Translate **into English** the sentences below. Don't forget to read each sentence again after you have completed the exercise to make sure the translation makes sense in English:

> a. *Paco y Theo se levantan muy temprano al día siguiente para ir al instituto.*

____

____

____

> b. *Ayer lo pasé bomba. Fue muy divertido. Gracias por invitarme.*

____

____

____

> c. *Todos los días llevé unos pantalones vaqueros ajustados, unos zapatos negros y un jersey de lana. También me puse un cinturón de cuero que compré en Londres.*

____

____

____

____

3. Writing task. Following Jack's description of his holiday in London, write a paragraph about your latest holiday. You **must** include:

> *a.* Where you went.

> *b.* Who you went with.

> *c.* What you did there.

> *d.* Whether you had a good time or not.

> *e.* The clothes you wore.

Capítulo 4

La confesión

Es sábado y Paco, Theo, Lara y ___________[1] van a cenar a un restaurante. Theo está muy triste porque sus padres están furiosos. Theo siempre fue un estudiante modelo pero desde que vino a España sus notas ya no son excelentes. La madre de Paco también está muy decepcionada pero les dejó ir al restaurante porque Theo y ___________[2] van a regresar pronto para Inglaterra.

"—No te preocupes, Theo. Jack es muy arrogante y estúpido —dijo Lara para consolarle."
"—Gracias, Lara. Eres muy buena amiga."

___________[3] mira a Lara y tose.

En el restaurante los cuatro amigos pidieron de primer plato gambas y ensalada. De segundo plato pidieron una paella de marisco, excepto ___________[4] que pidió ____[5].

De postre todos pidieron helado de chocolate con crema y nueces. Para beber pidieron zumo de naranja y una jarra de agua.

---

[1] Write your name here.
[2] Write your name here.
[3] Write your name here.
[4] Write your name here.
[5] Write down what you ordered here.

- 24 -

"—Esta paella es deliciosa —dijo Paco—. El año pasado comí una paella en este restaurante y sabía fatal. Pero ésta está muy rica."

Paco está muy nervioso y empieza a sudar. Al beber su zumo de naranja le salió por la nariz y manchó la camiseta blanca de Theo.

"—¿Estás bien? Parece que estás en la luna —dice Lara."

"—Bueno. Tengo algo que decirte. Theo. No puedo más. Antes me gustaba Carolina como a ti. Lo siento —confesó Paco."

"—Don't worry, mate —dijo Theo."

"—¿Me va a matar? —pregunta Paco pálido."

"—No, tonto. 'Mate' significa 'amigo, colega'. ¡Ja, ja, ja, ja! —aclara ___________ [6]."

"—Ya lo sabía. Era obvio. Siempre mirabas a Carolina con cara de tonto —dijo Theo—. No hay problema. Somos amigos, ¿No? Además Carolina es un poco tonta. Paso de chicas. ¿Amigos?"

"—Amigos —responde Paco."

Para celebrarlo los amigos hacen un brindis y prometen decir siempre la verdad. Lara levanta el vaso con la cara muy seria.

---

[6]Write your name here.

A c t i v i t i e s

1. Reading and comprehension task. Read the following sentences and complete them with a word from the box below. **There are more words than gaps!**

arrepentido	enfadada	enfadados
instituto		chicas
paella		también
el fin de semana	honesta	

a. Los amigos fueron al restaurante_____________ .

b. Los padres de Theo están muy _____________ .

c. Paco cambió de opinión sobre la _______________.

d. Paco está muy _______________ *porque le mintió a su amigo.*

e. Theo no quiere saber nada de _______________.

f. Lara sabe que no está siendo _________*con sus amigos.*

2. Speaking task. Read the questions below and try to answer them in your own words.[7] Don't forget to justify your answers. A *yes/no* answer is not acceptable.

a. ¿Crees que Paco es buen amigo?

b. Si fueras Paco, ¿Le contarías la verdad a Theo?

c. ¿Te cae bien Lara?

d. ¿ Por qué crees que Lara está seria durante el brindis?

3. Creative task. Read the chapter again and design a comic telling the story. You can use sentences taken directly from the text. You need to decide which sentences you should include in order to be able to follow the story:

---

[7]Remember that although you should aim to be as accurate as possible, the most important thing is to be able to communicate your ideas. Always keep it simple and think about ways to state your opinion with the vocabulary you already know, wherever possible.

Paco y sus amigos van a ir
al restaurante.

Capítulo 5

El regreso a Inglaterra

Esta noche es la fiesta en el instituto para despedir a los estudiantes de intercambio. Paco y Theo fueron al centro comercial para comprar ropa nueva. Paco compró un pantalón negro, una camisa amarilla con una corbata negra con rayas azules y unos zapatos grises elegantísimos. También compró un cinturón de cuero tradicional y elegante. Theo es muy informal así que compró unos vaqueros negros de marca con una sudadera roja de manga corta y unas botas negras. También compró unas gafas de sol muy caras.

Al salir del centro comercial se encuentran a Carolina y a Jack:

"—Kill me now —dice Theo."

"—¡Hola! ¿Habéis comprado muchas cosas? Yo voy a ir guapísima. Para ir a la fiesta voy a llevar un vestido rojo largo con lentejuelas y unos zapatos de tacón preciosos. Voy a ser la chica más elegante de la fiesta. ¿Verdad, Jack? —dice Carolina."

Theo mira para Paco y le dice:

"—Hey! No voy a la fiesta. No soporto a esta niña."

"—Yo tampoco. ¿Nos vamos al cine?"

"—¡Siiiiiiiiii! —dice Theo desesperadamente."

Paco y Theo dejan la ropa nueva en casa, se ponen un chándal y van a ver una película de acción. Cuando entran en la sala hay una niña sentada sola mirando fijamente la pantalla.

"—¡Lara! ¿Qué haces aquí? —pregunta Paco."

"—Tenía ganas de estar sola."

"—¿Qué te pasa? —pregunta Theo."

"—Theo, soy una amiga muy mala. Yo fui la que te puso la mano encima en el cine cuando estabas con Carolina. Era una broma pero todo se complicó."

"—¿Qué? ¡Lara! Eres... —Theo se detuvo y respiró hondo— Bueno, es igual. Al final me hiciste un favor porque Carolina es tonta. No me gusta nada."

En el aeropuerto, Paco y Lara están muy tristes porque van a echar mucho de menos a Theo y a ______[1].

"—¿Lo pasasteis bien en España? —pregunta la madre de Paco."

"—Sí, lo pasé de maravilla. Muchas gracias por todo dice Theo."

"—¿Y tú, ______?"[2]

---

[1] Write your name here.
[2] Write your name here.

"—
....

.... "3
.

Es el 31 de agosto. Han pasado ocho años desde que Theo y ______________ [4] se fueron de la casa de Lara y Paco. Ahora es Lara la que está en el aeropuerto preparándose para ir de intercambio a Londres. Su familia adoptiva la está esperando en el aeropuerto. Lara está muy nerviosa porque su inglés no es muy bueno. Cuando recoge su equipaje y sale a buscar a su familia se quedó pálida:

"—Theo?"

---

[3]Tell Paco´s mum whether you had a good time or not.
[4]Write your name here.

A c t i v i t i e s

1. Vocabulary task. Use the mannequins below to draw the clothes that Paco, Theo and Carolina bought to go to the party.

Paco

Theo

Carolina

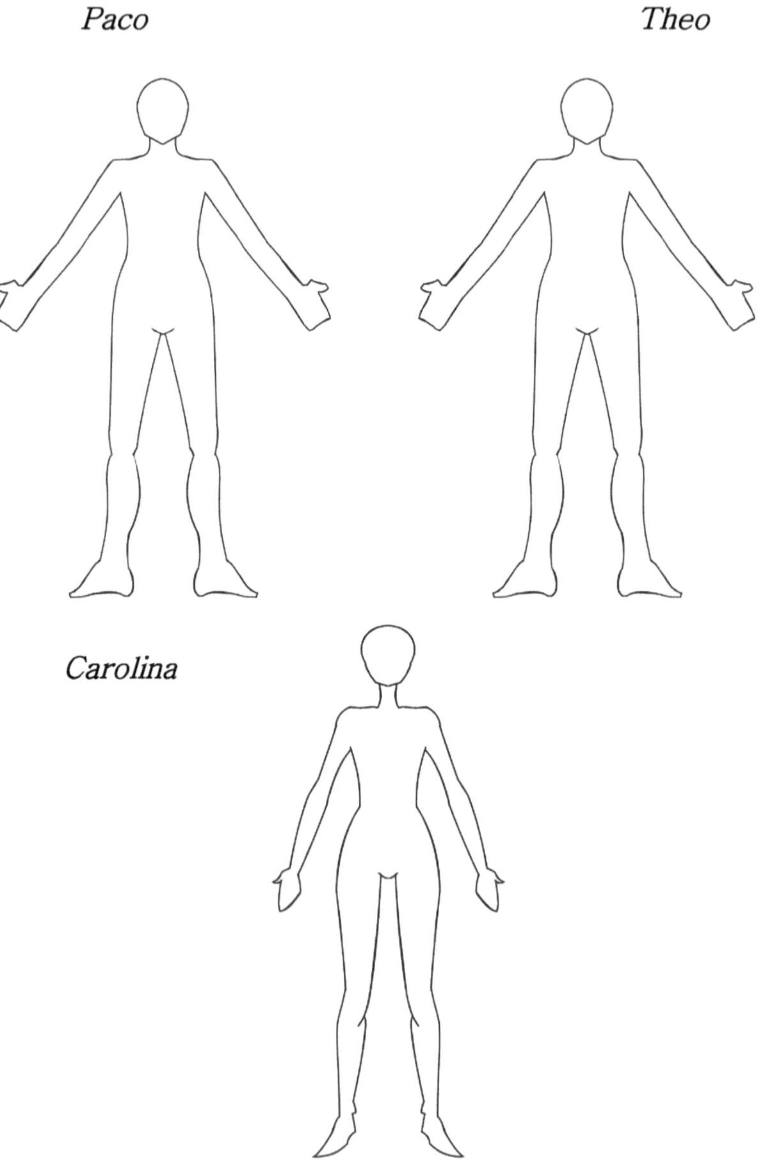

2. Writing task. Imagine you have been invited to the school party. Describe the clothes you are going to wear using the future tense. You must include:

   a. The colour and the pattern of the different items you are wearing (de cuadros, de lunares, de manga corta, de cuero, etc.).

   b. The type of shoes you are wearing.

   c. Your opinion about the different items you are wearing (E.g.: Voy a llevar una blusa blanca muy elegante).

You can use the sentence below to start your description:

Para ir a la fiesta voy a llevar _______________________

3. Translation task. Find the Spanish translation in the text, for the phrases/sentences below:

    a. I can't stand this girl.

    ____

    b. I am going to be the most elegant girl at the party.

    ____

    c. Me neither.

    ____

    d. I don't like her at all.

    ____

    e. Did you have a good time?

    ____

4. Speaking task. Prepare a one minute presentation explaining how you would continue the story. As always, remember to keep it simple and use the vocabulary you already know (although you may use a dictionary, if necessary). Don't forget to conjugate the verbs paying attention to whether they should be in the present, past or future. You can use the space below to make notes.

____

____

____

____

____

____

www.ingramcontent.com/pod-product-compliance
Lightning Source LLC
Chambersburg PA
CBHW041227050726
47599CB00001B/106